Harmonika
des Schweigens

Den stillen Ebenen hinieden,

wo schwarze Engel

dem Unglück der Erde lauschen

Ernest H. Gesch

Harmonika des Schweigens

Lyrik

Bibliografische Information der Deutschen Nationalbibliothek:
Die Deutsche Nationalbibliothek verzeichnet diese Publikation
in der Deutschen Nationalbibliografie;
detaillierte bibliografische Daten sind im Internet über
< http://dnb.d-nb.de > abrufbar.

Umschlaggestaltung: Hargens Werbeagentur
Satz, Herstellung und Verlag: Books on Demand GmbH, Norderstedt

ISBN: 978-3-8370- 4795-0

INHALTSVERZEICHNIS

LINIEN

Die Wirklichkeiten
überschreiten sich,
zeichnen
ihr neues Gesicht

in den Linien
                 der Schönheit:

Mythen,
von der Sprache verlassen,
verwunschen
wie der Schein der Teaforen,

wenn
über den großen Meeren
die Ebenen
flammen.

LIEBELEI

Was hält den zögernden Traum.
Überall
stürzen Abend und Morgen.
Im Fall
gaukeln die Säume des Lichts.

Doch im Grunde des Säumens
ist kein Ziel
als die Tiefe des Träumens.

Und nichts.

SILBERHUF

Silberhuf
schlägt der Wache entgegen.
Königlich taucht der Schild
in das Licht des Falken.

Schwingt eine Kordel die Flügel
unter den Fängen,
hält der Kürass.

Schwerer Reiter.

ABENDMAHL

Getreue heben die Arme.
Zu leeren Emporen
steigt Rauch
aus goldbestirnten Menschensäulen:

Sobibor.

Den Atem trinken.
In beiderlei Gestalt.

DIE STRECKE

Der Ernst des Weges
gehört dem Weg,
die Fahrt
der Jagd ohne Zeichen.

Die Strecke
ist Einfalt an Müdigkeit.
Ihre Auswahl
obliegt den Komödianten.

SCHLÄFER

Ruhende
Gänger nach verlorenem Fest,
Staub
der Dämmerung auf blassen Kokarden.

Die Wachen knien,
wund,
vor den Standarten,
bis der Sturmbann sie trifft.

ALBION

Aus der Zaumtracht des Fahrspanns
sind die Zügel geglitten.

Besessen
rollt Abritt die Schwere
durch die Reihen der Jester.

Fährnis setzt den Huf
in die Kelter,

bis die Ritter des alten Realms
ihr Kleid
über die dunkelnde Krone decken.

Mein König.

FESTIVAL

Behufe
im weglosen Lied der Schemen,

Entwürfe der Fülle auf den Saiten
der Eitelkeit.

Doch
demütig steht der Tanz.

Zur Harmonika des Schweigens.

UNVERFÜGBAR

Unverfügbar das Urteil,
die Gestalt der Zeitlichkeit,
die Kälte des Widerspruchs.

Der Prozess des Eigentlichen
endet im Gleichnis
des Apriori.

WIE

Eine
Raumgleiche zuviel,
in der Anschauung
beschwert,
im Denken gewogen,

stellt die Wirklichkeit.

Beliebig,
diese und
keine andere :

Leicht sein
wie die Zeit,
die stille Ebene.

DIE TÖTUNG DES KINDES
- WHINE -

Jenseits der Firne
stürzt
der Kremon.

Weihe flicht Ries -
zum Farewell der tobenden Brut -

in den flüchtigen Rausch
der Reife,

den weichen Mund.

Oh Beauty.

GROSSER CROUPIER

Spiele die Chiffre
der Zeiten aus.
Weiße Blumen rollen ...
... Weite im Blütenhaus.

Teile den Kelch in die Wunde,
den Tod zu Schnee.
Setze die Stunde
auf Orchidee.

Maria

Er wuchs,
so sagte sie,
wie unter feinen Mädchenhaaren

vom Augennest
hinab
in die Verwesung ein.

Er trug die Scham der Jungfrau,
sagte sie,
voran.

Sein Kreuz sein Kindgesicht.

Das hatte dort am Berg
etwas
an Gültigkeit verloren.

Er hatte es
zu lang
getragen.

Er roch nach Morcheln.

Hinten, sagte sie.

AUF ANTRAG

Seit ich Engel bin,
blicke ich
gelegentlich
zufrieden hinab
auf mich
und mein Reihengrab.

Bezüglich der Auferstehung
erfolgt noch Begehung.
Ansonsten besteht jederzeit
die Möglichkeit,
exhumiert zu werden,
auf Erden.

SZUGIE

Er ist
unter die Dinge gefallen,
doch
ohne Zeit.

In allen
Blumen
ist
seine Verwegenheit.

Der große Strom
hält
seinen Lauf.

Ohne Schwere
schwimmen
die Weilen auf.

SIE TRUG

Sie trug,
als trüge sie
das Tragen her,
um eine Blesse

in der Sommertracht,
die Frucht,
gekettet
in das Werben,

als trüge sie,
wie Perlen
tragend,
weiß die Nacht.

VERGEWALTIGUNG

Von den Festen
des Eloah
sind die Kälten
in die Steppe gezogen.

Rotwund
steht
die Weihe des Flugs
über dem Eis.

Verweser des langen Jahres
brechen
mit riesigen Rechen
die Gräben.

Sie fangen
den Sommer an.

NACHTWIND

Nachtwind,
Nächte fern
über die Jahre.
Endlich in *.

Einer geht durch die Wehen ins Haus.
Einer trägt röchelnd die Früchte aus:
blutrot, einzig, um alles nicht!
Wer löscht das Lampenlicht,

stillt das Pochen von drinnen,
läßt den Purpur über die Flanken rinnen,
öffnet den Spalt, klagt:
die fremde Hand?

Niemand fragt,
ob eine Liebe hier unbekannt.

Doch im Gartensand
die Spur des Kindes,
fingerdünn, im Spiel des Windes,
lustig verweht.

Einer geht,
nachtfern heiter,
durch seinen Stern,
endlich -

und weiter.

AUF ALLE WEISE

Auf alle Weise
einfach
abhanden sein,

Ding unter Dingen,
das niemand
bewegt,

die Brücke,
die keinen Namen
trägt

und
eigen die Zeit
abwirft,

der Bach,
der grundlos
hält,

bis der Zufall
an seine Stelle
fällt.

BEKANNT

Wir sind.
Was wir nicht
geworden sind.

Voller Angst,
dass es uns
gibt.

Fremd.
Unter den Dingen.

Bekannt.*

*Mit dem Tod.

Zeitreiter

Das Vorüber der Wegung
trägt den Tod
des Augenblicks.

Sekunden gleiten
in die Schnelligkeit
der Stille.

Atemlos.

ONTOLOG

Alles Seiende
könnte
Nichtseiendes
sein.

Die Prozession.
Die Tumulte.
Der Bischof.

                           Das Käppi.

IM DENKEN

Die Statik des Logos,
der sich im Gleichmaß
erfährt,
trägt die Zeitlosigkeit

des Unbewegten,
jenseits der Sorge,
leicht
wie das Vergessen.

GESTALT

Die Gestalt der Leere
geht der Bewegung voraus,
wirft ihren Schatten
in die Wirklichkeit.

Urteil und Tat
löschen die Silhouette des Nichts.

Schritte folgen
dem Ursprung des Wegs
in die Ausschließlichkeit
des Schreitens.

ERFÜLLUNG

Die Frühen wachen.
Wenn sich der Schierling fleckt,
streift sie
der Schweif des Zyklons.

Die Sporen des Coniin
öffnen den Anger.
Über die Schächte
reitet der Sturmbann den Stern,

dem Führer entgegen.

Schlafen.

Mit denen,
die nicht gekommen sind,
den Becher der Diasporen
trinken.

Unstillbar

Die schwache Markierung
der Langsamkeit:
Magnolie.
Zugleich das andere sein,

das der Sommer
der Kindheit schrieb:
Fährte des Wolfs,
ohne Eile.

GEBAREN

Im Kreisen
mahlen die Hufe.
Nur Staub.

Von den Hängen
kämmen die Wehen.
Wehenlaub.

An flimmernden Strängen
fließt der Schritt.
Zurück.

Sommer
bäumt sich.
Ins Gegenglück.

LIEBESNACHT

Weisheit fällt
von der Krone,
Schnee
in dein Haus.

Alle Feinde
strecken
in Demut
ihre Wunden aus.

* gelöscht

Dein Monat
blutet ...

* gelöscht

Vera D. (14) tötete im Januar 1945
drei junge russische Soldaten
durch Zünden einer Handgranate ...

SOLDAT

Dieser säet, der andere schneidet.

Aber sie wägten den Laut
des Stromes nicht,
die bereit sind zu pfählen den Leviathan,
und seine Sprache floss leise davon.

Vor der Stadt - der Schätze -
zeigte der General der pfeifenden
Gemahlin des Präsidenten
den Frontverlauf auf dem Tellerrand.
Verwirrt blickte die Greisin,
als einer von jenen Bergen sprach,

da lagern Eisen und Tod,
und den stillen Ebenen hinieden,
wo schwarze Engel
vom Unglück der Erde triefen.

Da schrieb sich auch sein Gesicht
in den Löß, und über die Ebene
schwebte der Wind, teilte ein Mädchen
wiegend das Brot der Heere.

Wird nun einen Schatz im Himmel haben.

FÜR SICH

Dass man ihn frage,
nackt und namenlos,
vor dem Entwurf der Zeit.

Wer zeitigt den Irrtum,
wenn Anfang und Ende
sich einen,

und
trägt sein Gewicht.

ALLEIN

An den Gittern des Waldes
kehren sich
Krone und Stamm
in den Sprung.

Schlingend
fällt Gleiß
die Lichtung an,
Röte hütet ihr Spiegelbild.

In den Fängen
der Stille
Flimmern auf weißem Farn,
die Mähne des Grauens.

DER SCHLAF

Der Schlaf malt Sternenkreise .
Wo die Fremden sind,
verweht eine dunkle Weise
im Abendwind.

Die Grenze der Schwere erwandern,
den Laut der Zeit.
Wir träumen von einer andern
Vergangenheit

und treten zur stillen Reise
leichten Gewichts.
Jenseits der Schwere steht leise
das Nichts.

DER SPRUNG

Tiefe und Felsstirn
schließen die Gleichung
ohne Gewicht.

Licht
führt den Schatten
über die Waage,

füllt
die Stimme
des Rufers.

Doch
schlägt die Ferne
den Laut.

KARUSSELL

Dem Zug des Kreisels
folgen,
den der Sommer
zieht.

Das Rauschen
fassen
und im Flugwind
über seine Mitte tragen.

Doch,
wessen ist der Kreis,

nicht fragen.

GGDM

Es sind die Dinge,
die wie Zeichen sind,
dem Bord,
geborgen in Gebundenheit und Horizont
- und dir -
so nah.

Doch ihre Fahrt ist unbekannt,
und Sprache,
Worte, die nur schnelle Zeichen sind,
verbirgt sie hinter Müdigkeit
- und Zeit -
und dir, mein Kind.

HAVARIE

In der Sternenfurt
stimmen
die Glasen auf.

In riesigen Lachen
steht Goldschnee
über Grund.

Lohweiß
krängen die Fittiche
der Tenebren

im Wintermond.

RESTLICHT

Dem Sommertag bleibt
die Windung des Bachs,
der Schlinge
das Maß des Flugs.

Nur die Brücke bedenkt,
fern ihrem Meer,
Absprung und Ankunft
zu gleichen.

Wohin
trägt der Stein sein Gewicht?

Im Innern
ist nichts
als die Brandung des Glücks,
zu sein.

SIEBENACHT

Alle Träume sind
auf Zeit, mein Kind,
ins Firmament geschwommen.

Du hast meine Liebe
zum Tanz gedreht
und mitgenommen.

Vom Ruf in die Welt
kein Widerhall.
Nichts ist mein Eigen

als dein kleines Herz
im Sternenall
und Schweigen.

ROULETTE

Im Chaldän der Isometren
sind die Fernen gleich.
Berge falten den Saum
des Horizonts.

Farbspiel setzt Weiß
auf das Kreuz des Südens,
bis im Umlauf des Sider
die Waage des Abends

alle Schönheit hält.

ERMITTLUNGEN

Die Flucht
aus der Fessel der Erde
begleitet die Tat.

Vor ihren Türmen
übt der Fels seine Kraft,
fügt sich die Suche der Kugel,
das Ziel dem Lauf.

Unbestimmt sind die Weichen
der Bewegung
in der Spur.

Wer ermittelt
den Fels.
Als feststehend.

MALS

Wenn er müde würde,
die Schnelligkeit des Reiters
der Jagd
weit hinter sich,

würde er müde sein,
ein alter Mann,
lange,
die Fackel des Abends spüren?

Draußen
ein einsamer Wind um ein einsames Haus.
Der Lehnstuhl, der sanfte Staub
der Melodie, die sich in das Spiel der
Dämmerung senkt.

Wessen sind Name und Klang,
„... deren Saite ihn weise bewegte !“

Alle sind klug über die Höhen gegangen,
schrittelnd, gestreckt, zu den Wälderern.
Aus dem Strom herausgetreten.
Umarmt, der am Wege stand:

Komm`, Kamerad - und mitgekommen.
Kürass und Karabiner abgelegt!
Auf -
und hinaufgegangen!

Oben ein feines Licht.
Irr.
Der Hufschlag, der ohne Laut
dem wehenden Schweif des Zuges folgte.

Mand
und müde.
Würde
der Schlaf seine Strecke sein?

Mals,
wenn das Pendel verhielt
und die Stunden glommen,
schlief er

mit einer anderen Vergangenheit,
bis die Unruh des Uhrwerks,
die Erinnerung,
seine Zeit zerriss:

Da
schaute der Birnbaum ins Fenster
und die Kirschen kamen herein,
lugten aus einem Mädchengesicht.

Chte es, machte es,
lachte sie.
Ja,
dachte er,
sagte sie nicht .
Damals.

Und das Lachen
    erhob sich, „schwirrend",
        über die Wingen des Nachmittags,
konnte er sich besinnen.

Sah an den blauen Armen,
die Hände hinunter.
... rie
oder Rie ...?

Ein halbes Hundertmal
war die Helligkeit des Sommers
zurückgekehrt.

Und Briefe,
die wenigen Zeichen des Mals,

lagen, geschnürt.
Gebündelte Wappen:
Jung sein, das Leben.

Doch ihr Bild ...
war mit den Zirren
über dem Land,
dem Juli der weiten Wiesen.

Gegangen,
namenlos,
die scheue Cemutblume.
Baroness.

Da
drehte er sie
inmitten der Heckenrosen,
legte sich müde das Gras,

ging ein Atem über die Blüte,
bis sie sich öffnete
und ihre Röte
von den Händen tropfte.

Nach allen Jahren,
stockend, wahr,
wie Wirklichkeit,
der letzte Brief.

Gekommen.
Gegen den Himmel.
Gehalten.
Schwarz.

Wer
zieht der Wolke
einen dunklen Rand,
weil sie nicht wiederkehrt?

Doch Trauer?
Nein.
Da war er Kind, als Mutter...
...und hatte seine Trauer mitgenommen.

Dann Wehmut?
            Der Hortensien,
                    die Wasser brauchen -
und sonst nichts.

Da
war er Mann,
am Siegeszug,
und jung und schlug den Takt,
als alle die Soldatenehre durch die Halle
trugen.

Und winkten: Viele,

auch der Junker Tod,
der war sein Kamerad
im Feld,

und neunzehn, sagte der,
war eine schöne Zeit,
ich komm' als Leutnant wieder, Mutter,
sagte er und schlug vor Woronin -

den Feind, auf seinem Tamburin,
komm' wieder, hatte sie,
nur komm', o komm',
gesagt -

den letzten Takt.

Sie kamen wieder:

Koppel, Erkennungsmarke.
Geschmolzen.
Eine Karte.
Schwarzgebrannt:

„...und werfen wir das ‚Tier' ...
im Herbst ...
von den Hügeln....“

Da hatte der Sommer -
längst -
seine Flammen
über ihre Gräben geworfen.

Soldat.
Wiedergänger.
Verhoffend vor quellenden Auen,
            dem Hauch in der Lichtung.

In der Ebene
ist der Roggen reif.
Die Halme
stoßen sich an,

schütteln die Ähren,
dass die Felder
von den Hügeln strähnen,
im Julimon.

In der Waid:
Lachten und Schrunden,
verweihte Gänger
im schleißenden Festtagsgewand.

Heiter.
Würdelos der schürfende Flug
des Windes

über die Fluchten der Wehre.

Hochwild trägt seine rote Schleife
zum Schreifen
der Altefran:
Wölflieflieflieh.

Unter Säulennooren wirft sie,
aus der Schwere
tropfend,
ihren toten Wolf.

Draußen
das Flacken
des Dämmers,
der Sog der Luren.

Bronzegewunden
ertrinkt der Schein
in den Solennen
des Nordens.

Vergessen
der Schleier des Alters,
der Text der Jahre,
die ihren Namen trugen.

Kühle, alter Mann.

Da
glitt ihre Perle -
tändelnd ein Windblatt -
über den Sand,

wand sich die Ranke
züngelnd
um seinen Stamm,

reihte der Glanz
zitternd
der Rose Spalier.

„Du warst...",
sagte sie,
als sage sie:
„Morgen vergesse ich..."

„... meine einzige Liebe ...",
sagte sie nicht.

Nur in den Briefen:
Schrie sie?
Malten die Hände :

Frommilch der Wolken,
dornentrocken
die Brüste, zerrissen?

Wer
hieß sie
ihr Federkin...
in die Kühle des Felds ausbecken?

Zählte wohl
lange
die Blume,
die ihren Atem trinkt ...

Briefe und Brief:

Irgend ... der Staub ...,
dachte er.

Doch er öffnete keinen von ihnen.

Auch den letzten nicht.

KENNUNG

Die Kennung des Grundes
trägt Ziffern,
von Fels und Fluss,
wenn ihre Linien
durch die Prismen schwimmen.

Kaskaden fallen,
füllen sinkend sich
im Hier
und brechen mit dem anderen.

Uferlos bleibt der Schein,
der Behuf: Unkenntlichkeit.

Welchen Grund hat der Fels
in der Schwere
des Strömens.

DILEMMA

Höhe ist Flut,
im Anstieg gestellt,
doch Höhe, gefangen,
verfällt,
gleich dem Sturz,
der zum Zerbrechen bereit,
in der Brandung des Abschieds zerschlägt.

Keiner, der eine Fessel trägt,
fürchtet den Flug, seinen Schein im Dilemma
der Zeit.
Alles ist Wegsamkeit.

Randnote

Weise
stimmen Wort und Belang
den Umlauf der Lehren.

Im
äußersten Kreise heben
Begriffe den Klang

ins
Gleichmaß des Peripheren.

VOM KORN

Hoch tragen die Halme im Land
das Korn, Kanonier.
Der Krieg ist anderswo,
hat die Röcke verbrannt.

Doch hier,
wie zu Tagen und immerso,
zieht ein Mädchen ins Feld,
weil das Miederband
den Schatz nicht mehr hält.

Da schläft der Soldat
im Stacheldraht,
bei der Sonnenblume.

„Sie wird einen Toten gebären",
sagt die Muhme,
presst zitternd das Korn aus den Ähren,
bückt sich, wiegt ihre Scham
vor allen.

Nachts sind
die Halme gefallen.

STILLLEBEN

Zwei lagen,
blutbrüstig,
wie Brüder des Morgenrots.

Hatten zur Weise der KK
den Krakowiak getanzt,
bis in die Mündung der Stille.

Die weiße Kordel hielt ihre Hälse,
fein durchschnitten,
mit Anstand vereint.

Hatten darob
in der Früh'
ziemlich gestunken.

Hui.

MÄRCHENWIND

Der hieß Einsamund,
der Blütenwund
und Samumweiß,
der heiß
über den Tampon bläst,
in die Rose dringt,
seinen Regen gießt,
der die Flüsse fließt.

Siebenmal kam die Fee,
deckte Schnee,
wie die Tulipan bebten,
zwergenrot schwebten,
südlich von SW.

IRGEND

Irgend die weißen Laken
der Bleichen,
das Gefährt scheuend.
An blutenden Rainen
träumen die Komödianten.

Zirrus zieht seidene Kreise
über den Fängen des Wolfs.
Verhangen die Röte des Taus,
aus der Müdigkeit
unter Wolken.

SYRINGE

Die Syringe hat mich zum Tanz gelockt:
O sei mein Eigen.
Nimm meine Blüte hin,
bis ich vergangen bin
im dunklen Reigen.

Wenn sich der Lichtkreis
des Sommers schließt,
eilen die Stunden.
Wind, der dich leise dreht,
hat auch mein Herz verweht
und meine Wunden.

Dass die Sekunde des Abschieds nicht
wie die Blüte verginge!
Alles will seine Zeit,
Dunkel und Helligkeit,
kleine Syringe.

DER BESUCH

Aber.
Jede Stufe hat eine Stimme
und eine Gestalt,
wie die Schönheit und der Tod,
lichtgewandt, überall.

Hände, die Falten des Greifs,
spuren die Linien
zur Gleichung des Vergangenen:
Steigen.

Gehen und sprechen.
Bleiben und schweigen:
Warum nicht.
Sprachlos, Strom, ist der Durst,

reglos der Hauch der Nacht,
das Murmeln in der Attik der Kühle,
taub das Fingerspiel des Sandmanns.
Höhe. Warum.

Oben versinken -
die fremden Freunde,
Wände, Pfühl und Spirett -
und trinken.
Strömen.

Der, den sie suchen, ist fort.
Zeit geht durch ihn,
ein neuer Geselle der Dinge.
Überall.

Doch.
Das Fließen bleibt stumm,
das Dunkel flutend.
Achtlos.

Warum.

KREBSBLÜTE

Weißveilchen turnt
über Licht
in den Sprung
des Leon.

Aus den Schwüngen
löscht Häme
den wildernden Duft
der Leukosen.

Viola des Abschieds.

A. Meerie (+)

Der Windblattbaum
wiegt den Blütenklang
im Takten der Krone.
Raum,
schwillt der Abgesang.

Leise, Anemone.

Das Fädchenfein,
das die Altsonne spinnt
aus Buschwind und Kesselgras,
ist dein,
wenn der Ton verrinnt.

Im Schlüsselbass.

EXIL

Durch die Jahre ging er allein,
traurig
durch die letzten,
ein Prophet des entrückten Volkes,
verschlagen
in die Burgen der Fremde.

Falsch
die Formel, das Herz; die Sprache
verblutet
an der Syntax des Vermessens.

Fremd.

You'd
better be quiet.

Der Zeit, dem Raum unendlich
verfallen,
der Trauer, die keinen Silberling
betrug.

Klagte nicht, sagte leise ... Jim,
als es ans Sterben ging.

Die Summe des Glücks,
tabellarisch:

Ein Stein,
in den Schächten
des Abgrunds verloren,
das Raubtier, der Löwe, schweigend
über der Beute, dem schlafenden Kind.

Prey is a real prey !

Von den Zinnen winken die weißen Tücher
der stillen Lemuren ...

Go Jim.

JENSEITS DER ZEIT

Über die Sonnen ziehen
die Toren Figuren,
ihre Formeln fliehen
aus den Schattenuhren.

Jenseits der Zeitengrenzen
steigen die Meere,
schallen, glänzen
aus dem Grund der Schwere.

Silhouetten säumen
verloren Konturen.
In den Weiten träumen
von stillen Räumen
die weisen Lemuren.

TRUG

Als trügen
die Schwingen zurück
ins verlorene Land.
Die Höhen wiegen
kein Glück,
und unbekannt

ist das Klingen
aus Sphären.
Spürst du nicht,
auf hellen Schwingen
Chimären
im Dämmerlicht.

Sie steigen
zu hohen Dingen,
fremdem Sein
und schweigen.
In ihren Schwüngen
ist alles Schein.

WERDEN

Wenn die Tangenten
sich um die Kreise winden,
die Frucht der Erkenntnis
gebären,

die Parallelen sich, endlich,
in Eden verbinden
und die Formeln der Blumen
sich leeren,

wird der blutende Schoß
des Engels
traurige Schlangen
nähren.

An wen

In deinen Augen steht
die Ewigkeit.
Blutender Tänzer dreht
sich um die Zeit.

Lege die Hände hin
über die Nacht,
Schlaf und Tod und Sinn
hast du gemacht.

Zeichne mein Ziel ...

***

DAINA

Bebten
im Ratsal der Schrift
die Talme,

todfeind
unter den Strähnen.

Schlugen
aus Schächten die Tiefe auf,
das Buch der Mühen,
verlesen im Haus der Versammlung.

Lasen
„Hiesous, ade′ kiaul“,
mit fremden Zungen
die warmen Brüste rotgeleckt,
Scheenskind,

und abgeschnitten.

„Die Maus der leinen Vagina
trug einen Schotenblütenbart.
Am Kopf der Blum’ vertropfte Harn
den Zug ‚Ichthys‘ von goldnem Band.“

Da
führten die Talme die Klage,
malten das Kreuz,
wo die Seite der Ruhe
in den Rausch umschlägt,

und
setzten das Zeichen.

Hielten das Buch:„Ahieie!"

Wie das Leisen
aus klaffenden Lefzen schlich -
bis rostiger Atem die Blätter färbte.

Lasen
den Durst,
den Schrei aus der Brust,

Frommilch der Mühe
der kurzen Jahre,

lasen
aus trocknenden Därmen
den langen Schlaf,

den sie lasen.

ESSENAUSGABE
PSYCHIATRIE H.

Patient: Schach.

Küche: Wie, Schach?

Patient: Schach!

Küche: Also, das ...

Die Krähe.

Patient: Wie, die Krähe?

Küche: Matt !

Patient: Danke, der nächste.

EIN SCHNEEFALL
(ALZH)

Die Worte fallen
schrillen Flugs,
Kristalle bald -
und weiß.

Der Ball der Flocken
steht im Eis
und spielt
der Stille Fließen -

rings -
und leis.

Existenz

Messbar
ist der Beginn,
der Zufall,
der in sich ruht,

seine Stelle bezeichnet.

Aber
der Kurs
des Bogens
ist sein Schwingen,

ohne Ende.

DES WEGS

Es sei der Strom, erzählen sie,
der breite Weg, der aus dem Strom aufsteigt,
dein Blut.
Du seist ihr Anführer gewesen,
fort,
seist mit dem Tod.

Die schwere Tafel um deinen Hals,
der Text,
die Formel auf deiner Stirn,
du,
unendlich des Wegs.

Doch dann.
Das Haus, deine Tür, ein Kind, eine alte Frau ...
Leise, Kommandant.
In den Traufen kein Moos.
Auf dem First : Samt der Syringen.

Du willst anklopfen, pochenden Atems,
... pocht es von drinnen.
Eine feine Stimme ...
Ehe du ...
... flüstert in deinem Namen:
Niemand war jemals hier.

Nie spürt das Keuchen den Schmerz.
Hättest du Hände, löstest du sie, um
anzuklopfen.

Aber.
Zurück.
Wohin ist dein Zurück.
Der breite Weg nimmt dich auf,
zu sich, zurück.

Und.
Endlich, der FREMDE.

Du kniest,
als ob du knietest,
flehst, als ob du flehtest:

Bringt mich, oh Herr.
Klopft für mich an,
bei meinem Blut.

Wie klopfte ich gern, doch da fehlt die Tür.
So schlagt an das Haus.
Ich schlüge, allein ...

Wer.
Umfasst seine Knie,
liest meine Not.

Keine Tür, kein Haus, eine Stimme, ...
verbrannt?

Will demütig meine Wunden
vor Euch ausstrecken, Herr.

Da.
Reißt er mitten durch dein Gesicht,
zerbricht die Tafel,
löscht die Formel,
bis du unkenntlich bist.

Geht fort.

Und du?
Weg hebt dich auf, zieht deine Spur
durch den Strom.

Überall Blut,
das des Fremden ist.
Und deines ... nie war?

Jenseits des Stromes
siehst du ihn wieder.
Er ist unter ihnen,
und sie schweigen, als erzählten sie.

Der Fremde bist du.

ZEITLESE

Nachmahd verliest,
im hüllenden Zug der Lafetten,
der Sprache bebilderte Sehnsucht,
der Silberdistel Entwurf.

Schöpfer des Wassers
tränken
die leeren Visionen im Felde,
löschen
die Kennung des Fluges,

gehorchen der Erde.

ZEITGLEICHUNG

Führe die Sorge leichter an deiner Hand.
Die Erde birgt, wundersam,
                            Krieger und Kind.
Schön ist der Engel im Todesgewand,
der sein Herz verbrennt,
                            wo die Blumen sind.

Die Kreuze des Sommers, die Gärten licht:
Deine Ernte vergeht in himmlischer Glut.
Wir lodern und kennen die Flamme nicht.
Alles ist gut.

In der Mündung der Stille

Schwere und Schein heben weise
die Absicht des Lichts,
die Stunden fallen leise,
leichten Gewichts.

Äonen lichten die Weiten,
hüllen
die Tiefe darein.

Die Zeiten
füllen
die Leere ein.

WEDDING SITE

Kam
der Rosse Poet
beim Gebet
         abhanden.
Oh Bride.
He Neighed.

What A Ride.

Legte
die Zeit ihre Brände -
Engel und Elfen zu Schanden –
Angel.
Had Eleven Brandies.
And Died.

Sprachen
aus nächtigen Banden.
Pidgin All Night.

Keiner
hat sie verstanden.
In
Kanaan Light.

REVIE

Wer
dirigiert die Ratlosigkeit,
die Etüde des Schweigens,
den Missbrauch der Stille.

Inkognito
nimmt das Orchester
den Dirigenten
unter Feuer.

Musik !

Vom verlorenen Leben

Der Dornenröte banden
sie eine Blüte ein.
Doch die Rose, die sie erfanden,
wollte nicht Rose sein.

Ihr Licht aus Blütenständen
führt sie allein
die Wege zu allen Enden,
in nichts als Schein.

KATEGORISCH

Die logische Gestalt des Dunkels,
jenseits der Fragen,
fern
in der Zeitlichkeit der Zeichen,

zugleich
als Prinzip einer Allgemeinen Traurigkeit
in der Absolutheit der Erscheinungen:

Leben,
mein Engel der Einsamkeit,
ist das Gleichnis von der Fremdheit in der
Welt.

Raumgleiche

Vergib
das Nichts,
der Stille abgelauscht

und
der Geschwindigkeit.

Nimm
die Gestalt des Lichts
dir zum Geleit.

Und Zeit.

RÜCKRUF

Hält der Tag
alle Stunden an,

füllt der Schnee sein Gewicht
in die Einsamkeit

und die Zeit ist nicht Zeit,
nur Winterlicht.

LETZTES BULLETIN

I.K. 1804

Vermehrt
klare Gottesbeweise,
enzephales Schnurren
in den Kammern.

Kränkungen
der reinen Vernunft:
nicht erkennbar.

Kategorisch,
Gott sei Preuße.

Hirnstille.

PASSAGE

Der Zug der Silberfähren
steht bereit,
der Mythen Trächte, blutend,
unter Blütenzweigen.

Das Synonym der Zeit
ist eine Mär, der Rose und dem Tode eigen,
vom Übersetzen ohne Ziel und Schnelligkeit
ins Rot, der schönsten Blume Helligkeit.

Im Silberkleid.